Jules Barni

Ce que doit être la République

Suivi de :
Les Principes et les Mœurs de la République

ISBN : 978-1978229235

10 9 8 7 6 5 4 3 2 1

Jules Barni

Ce que doit être la République

Suivi de :
Les Principes et les Mœurs de la République

Table de Matières

Ce que doit être la République

Conférence faite à Amiens, Abbeville,
Montdidier, Doullens et Péronne,

en Juillet et Août 1871

Chers concitoyens,

Un des écrivains les plus spirituels et des esprits les plus libres du dix-huitième siècle, Duclos, voulant exprimer d'une manière piquante l'esclavage de la parole à cette époque où il n'était permis de parler de rien, — mais où les philosophes trouvaient bien cependant moyen de parler de tout, — disait un jour :

« De quoi vous parlerai-je, Messieurs ? Parlons de l'éléphant. »

On en aurait pu dire autant, il y a un an à peine, sous le régime avilissant que nous subissions alors et qui s'est effondré depuis sous le poids de ses propres fautes et malheureusement aussi de nos désastres. Mais aujourd'hui, grâce à la chute de ce régime, nous avons reconquis, au moins dans une certaine mesure, le droit de parler d'autre chose que de l'éléphant. Nous pouvons parler librement de la République, c'est-à-dire du sujet d'où dépendent le salut et l'avenir de la France.

L'affluence du public attiré par cette conférence, votre accueil, vos applaudissements, me répondent de vos sympathies. Toutefois, je ne puis me flatter que, dans un auditoire aussi nombreux, où non seulement mes amis politiques, mais tout le monde a pu venir, mes idées obtiennent l'assentiment de tout le monde ; mais je prie ceux qui ne se trouveraient pas d'accord avec moi de vouloir bien m'écouter avec le même respect de toute opinion sincère et la même bonne foi que j'apporte moi-même dans l'expression de mes idées. Je les prie aussi de me permettre d'user de cette liberté de langage dont j'ai contracté l'habitude sur le sol républicain de la Suisse et qui ne doit plus être déplacée sur celui de la France redevenue républicaine. Si tous ne sortent pas d'ici persuadés par mes paroles, nul du moins n'en sortira froissé, et peut-être plus d'un en emportera-t-il la matière de réflexions nouvelles.

La République est aujourd'hui le gouvernement du fait, en même temps qu'elle est celui du droit.

Elle a survécu à nos derniers désastres, dont il était juste de faire remonter la responsabilité à l'Empire ; elle a survécu aux menées monarchiques, auxquelles les élections de février, faites sous le coup de ces désastres, avaient paru rouvrir la porte ; elle a survécu enfin aux désordres et aux crimes de la démagogie, cette éternelle ennemie de la démocratie, que le pays a eu cette fois le bon sens de ne pas confondre avec la démocratie elle-même.

Les élections complémentaires qui viennent d'avoir lieu et auxquelles notre Département a pris une si belle part, ont été une éclatante confirmation de cette forme de gouvernement ; et, cette fois, par un heureux renversement des rôles accoutumés, c'est la province qui a devancé Paris.

La France a compris que le maintien de la République était désormais le seul moyen d'assurer à la fois l'ordre et la liberté, de relever le pays de ses désastres, de le régénérer et de lui rendre le rang qu'il doit occuper parmi les nations.

Il s'agit maintenant de la confirmer dans la pensée qui a dicté les dernières élections, de prévenir de sa part toute nouvelle réaction, qui ne pourrait être que funeste, et de la pousser doucement, mais sûrement, en avant dans la voie où elle est entrée. Il s'agit de rendre durable la forme républicaine que nous possédons aujourd'hui, et, tout en la consolidant, d'y faire pénétrer de plus en plus l'esprit qui la vivifiera et lui fera porter tous ses fruits.

C'est pourquoi je voudrais montrer *ce que doit être la République* pour durer et prospérer.

Je n'ai pas la prétention de tracer en une seule séance tout un plan de constitution républicaine ; je voudrais seulement indiquer quelles sont les grandes tâches que la République doit poursuivre par ses institutions. D'un autre côté, je voudrais montrer aussi, – chose non moins importante, – ce que nous devons *faire nous-mêmes*, à côté ou indépendamment de ces institutions, pour faire vivre et aimer la République. Tel est le double point de vue où je me placerai dans tout le cours de cette conférence.

✷✷✷

La première base de tout édifice républicain, c'est l'instruction du peuple. Qu'est-ce en effet que la République ? C'est le gouvernement du peuple par lui-même, le *self-government*, comme disent d'un seul mot les Anglais et les Américains ; et ce gouvernement, pour être vraiment celui de tous par tous, implique nécessairement le suffrage universel. Or, pour que le peuple puisse ainsi se gouverner lui-même par le moyen du suffrage universel, il faut, — ceci est une vérité évidente par elle-même, qu'il n'y a pas besoin de démontrer, mais qu'il suffit d'énoncer, — il faut qu'il soit instruit, éclairé. Autrement le suffrage universel, au lieu d'être l'expression du *self-government*, n'est plus qu'un instrument de domination et de despotisme ; et, au lieu du gouvernement du peuple par lui-même, vous avez, ce dont nous venons de faire la si triste expérience, l'abdication du peuple entre les mains d'un César de haut ou de bas étage, ou, tout au moins, ce qu'il faut éviter à tout prix dans une République, l'étouffement de l'intelligence par le nombre brutal.

La première condition de vie pour la République, c'est donc d'instruire le peuple, de l'arracher à l'ignorance où l'ont laissé systématiquement croupir les gouvernements despotiques et d'en rendre ainsi tous les membres aptes à remplir leurs devoirs et à exercer leurs droits de citoyens. Autant le despotisme, qui a besoin de la nuit, favorise l'ignorance pour mieux épaissir les ténèbres dont il s'enveloppe, autant la République, qui appelle le grand jour, doit favoriser l'instruction et répandre les lumières.

De là, pour tout gouvernement vraiment républicain, le devoir d'instituer et d'entretenir un vaste système d'instruction publique, qui, tout en laissant une entière liberté aux écoles privées, — car la République est avant tout le gouvernement de la liberté, — distribue gratuitement à tous les connaissances indispensables, ces connaissances sans lesquelles on n'est pas un homme, à plus forte raison un citoyen, ce que l'on appelle l'*enseignement primaire*, et facilite l'accès de toutes les branches de l'*enseignement supérieur* à ceux qui sont capables d'en profiter.

Voyez comme ce devoir est compris et rempli dans les pays républicains. Allez en Suisse : dans les plus petits comme dans les plus grands cantons, vous rencontrerez sur votre passage des édifices dont la grandeur vous étonnera ; demandez ce que sont ces édifices : ce ne sont pas des palais, ce ne sont pas des casernes, ce sont les écoles du peuple. Pendant les longues années que j'ai passées à Genève, grâce aux loisirs que l'Empire m'avait faits, j'ai assisté chaque été et chaque fois, je puis le dire, avec une émotion nouvelle, à une fête à laquelle s'associe toute la cité et qui est comme une fête nationale : la fête des écoles (qu'on appelle en ce pays la *fête des promotions*). Savez-vous ce que dépense cette petite République de Genève pour l'instruction publique ? Le quart de son budget total. Aussi n'y a-t-il point là, — et il en est de même dans tous les cantons de la Suisse, — un seul citoyen qui ne sache lire et écrire, et la loi peut-elle exiger (comme il faudra qu'elle le fasse en France quand nul n'aura plus le droit d'alléguer son ignorance), que chacun écrive lui-même son bulletin de vote dans la salle du scrutin.

L'Amérique nous offre le même spectacle. Mais ici, comme je ne puis plus invoquer mon expérience personnelle, je vous demanderai la permission de vous lire quelques lignes extraites d'une revue savante, *le Cosmos*, et reproduites par *le Pilote de la Somme* dans son numéro du 25 juillet :

« Pour qui débarque en Amérique, il est impossible de ne pas être frappé de l'activité prodigieuse qui règne partout ; tout remue, tout marche ; mais où est le moteur ? Le moteur c'est l'école ; c'est l'école qui a donné à tous ces hommes le goût et le respect du travail. Et derrière ces écoles quel est le machiniste, quel est l'homme qui a fondé, qui a inventé cette prodigieuse organisation ? Cet homme dont à peine en France nous commençons à prononcer le nom, cet homme, qui est mort en 1850, c'est Horace Mann. Retenez ce nom, car c'est celui d'un des bienfaiteurs de son pays ; l'Amérique reconnaissante lui a élevé une statue. Une statue à un maître d'école ? Heureux pays qui ne connaît pas ces statues à cheval, avec un bonhomme coiffé d'un chapeau en métal et brandissant une grande épée, mais qui élève une statue aux véritables héros, aux héros de l'humanité ! »

Voilà les exemples que nous proposent les États républicains, et que nous ne devons pas hésiter à suivre. À force de nous répéter et de nous persuader que nous marchions à la tête des peuples civilisés, nous avons fini par nous mettre à la queue. Il faut que nous reprenions la tête : nous le pouvons, si nous le voulons ; mais pour cela il faut que, par le moyen de l'instruction répandue à torrents, nous fassions du peuple français, au lieu d'une masse de sujets, un corps de libres citoyens. Nulle dépense ne sera plus fructueuse, parce que nulle institution n'est plus essentielle. Là est, je le répète, la pierre fondamentale de l'édifice républicain.

Ainsi donc à ma question : que doit être la République ? ma première réponse est celle-ci : la République doit être l'institutrice du peuple.

Mais les vrais amis du progrès démocratique ne doivent pas se décharger entièrement sur le Gouvernement ou sur les municipalités du soin d'instruire le peuple. Il faut qu'ils mettent eux-mêmes la main à l'œuvre en répandant l'instruction civique dans les masses au moyen de conférences élémentaires, de publications populaires, de bibliothèques populaires, etc. Nous avons ici deux fléaux à combattre : l'*ignorance*, qui, en appuyant le despotisme, a été l'une des principales causes de nos malheurs, et le *sophisme* qui, sous la malfaisante influence du césarisme, a fait chez nous de si profonds ravages. Il faut chasser des esprits les ténèbres, et il en faut chasser aussi ces idées fausses qu'on y a semées à pleines mains ; il y faut faire pénétrer, à la place de ces idées qui les égarent, des idées justes qui les éclairent sur les principes fondamentaux de la société, sur les lois morales, politiques, économiques qui doivent présider à l'ordre social, dont la République n'est que la plus haute expression. La tâche est difficile sans doute, en présence du mal accompli depuis tant d'années ; mais il n'est cependant pas impossible d'en venir à bout, si nous y appliquons toutes nos forces et si nous savons concerter nos efforts.

C'est en vue de ce but qu'à Tours et à Bordeaux, à côté du Gouvernement, mais en dehors de lui et indépendamment de toute attache officielle, quelques-uns de mes amis et moi nous avions conçu l'idée et jeté les premières bases d'une *Société d'instruction républicaine* destinée à propager sur toute la surface de la France, par les moyens que j'indiquais tout à l'heure, les idées qui forment l'essence même de la République. Cette œuvre, à peine ébauchée au milieu des angoisses et des travaux de la guerre, a été brusquement interrompue par les malheureux événements survenus depuis ; mais elle vient d'être reprise. Notre Département, je l'espère aussi, n'y restera pas étranger, et c'est avec bonheur que dans le programme de l'*Union républicaine du département de la Somme*, j'ai vu que le premier but poursuivi par cette Union était « de répandre les idées républicaines par tous les moyens individuels et collectifs en son pouvoir, et notamment par la publication ou la diffusion de journaux et écrits démocratiques de toute nature, par l'établissement de bibliothèques populaires et l'organisation de lectures ou conférences sur tous les points du Département. » Par là, l'*Union républicaine du département de la Somme* se rattache à l'objet de la *Société d'Instruction républicaine* en voie d'organisation pour la France entière. Là est le premier point où nous devons porter nos efforts. C'est une question de vie ou de mort, non seulement pour la République, mais pour la France elle-même.

***

Un second point capital, une seconde tâche, qui est étroitement liée à la première et qui même en dérive, mais qui a son importance spéciale et veut être examinée séparément, c'est celle qui consiste à *moraliser* le peuple. Je disais tout à l'heure que la République doit être l'institutrice du peuple ; il faut aussi qu'elle soit pour lui une école de morale, car sans la morale ou la vertu publique, — ceci est encore une vérité évidente par elle-même, — il n'y a pas de République. Le despotisme entretient la corruption, qui l'entretient lui-même : il corrompt les âmes pour les asservir ; la République au contraire veut des âmes en qui règnent le sentiment de la dignité humaine, le respect de la liberté et des droits de chacun, le désintéressement, le dévouement à la chose publique. Sans ces vertus, sans une certaine dose au moins de ces vertus, elle est infailliblement condamnée à se consumer dans l'anarchie, laquelle appelle non moins infailliblement le despotisme.

Mais comment la République moralisera-t-elle le peuple en ce sens ?

D'abord par l'instruction, soit par celle qu'elle donnera elle-même dans ses écoles, soit par celle que l'initiative privée doit, de son côté, s'appliquer à répandre. En éclairant les citoyens sur leurs droits et leurs devoirs, sur lesquels on ne leur a guère inculqué jusqu'ici que des idées étroites et fausses, elle les initiera au rôle qu'ils doivent remplir dans la société.

Ensuite et en général par toutes ses institutions. Les institutions républicaines, quand elles sont vraiment républicaines, c'est-à-dire quand elles sont inspirées par le bien public, portent en elles-mêmes une vertu moralisatrice. Le respect dont elles sont empreintes pour la dignité humaine, pour la liberté et les droits de chacun, pour l'égalité civile et politique qu'elles doivent établir entre tous, la part d'activité et de responsabilité personnelles qu'elles confèrent à chaque citoyen (ce qui, pour le dire en passant, suppose une large décentralisation qui, au lieu de laisser tout le pouvoir concentré, sur un point central, en un petit nombre de mains, le dissémine au contraire, le divise, et divise avec lui la responsabilité effective sur tous les points du territoire) ; tout cela sert précisément à former les âmes que réclame la République. De même que le despotisme est dans son essence et dans toutes ses pratiques une école de dépravation, de même la république est par l'ensemble même de ses institutions une école de moralité.

Enfin il est un moyen que je ne dois pas omettre, parce que sans lui les autres resteraient sans effet : c'est l'exemple que doivent donner tous ceux qui prennent la démocratie à cœur. Et ici je ne saurais trop applaudir à ces paroles du général Faidherbe dans la conclusion de l'ouvrage si intéressant qu'il vient de publier sur la campagne de l'armée du Nord qu'il a si glorieusement conduite : « Le vrai démocrate est celui qui cherche à moraliser le peuple en l'instruisant (tout l'opposé de ce que l'on fait en France), et qui lui donne le bon exemple. » Donner le bon exemple, voilà en effet le meilleur garant et peut-être la meilleure propagande des sentiments républicains. Que ceux-là surtout ne l'oublient pas qui veulent être les prédicateurs de la démocratie, ou qui aspirent ou arrivent au pouvoir, à quelque degré que ce soit. Il faut que leurs actes répondent à leurs paroles, s'ils veulent être écoutés ; et plus ils sont en vue, plus il importe qu'ils se surveillent eux-mêmes. Et, en parlant ainsi, je ne sépare pas la moralité privée de la moralité publique, car la première est le soutien et la garantie de la seconde.

Éclairer et moraliser le peuple, c'est du même coup pacifier la société, ce qui est encore un des grands devoirs et doit être un des grands bienfaits de la République.

***

La société — je ne veux parler ici que de la société française, quoique ce que je vais dire s'applique à d'autres qu'à elle, — la société française présente aujourd'hui un triste spectacle, qu'il ne faut pas exagérer, mais qu'il ne faut pas non plus dissimuler. Malgré la Révolution, qui a aboli les privilèges et effacé les distinctions de castes et de classes, elle semble encore divisée, sur beaucoup de points au moins, en deux classes ennemies : d'un côté les bourgeois, les patrons, les capitalistes ; de l'autre les ouvriers, les travailleurs ou ceux que l'on nomme improprement les *prolétaires*. Cette division faisait les affaires du despotisme, qui l'entretenait et l'envenimait, afin de se montrer aux uns et aux autres comme un sauveur, disant, ou plutôt faisant entendre, — car il y a des choses qu'il serait imprudent de dire expressément, mais qu'il suffit de faire entendre, — aux bourgeois : c'est moi qui vous protège contre les ouvriers, qui sans moi vous dévoreraient ; aux ouvriers : c'est moi qui vous protège contre les bourgeois, qui sans moi vous affameraient, et, sous ce beau prétexte, plongeant les uns et les autres dans une égale servitude. *Divide ut imperes*, diviser pour régner, telle a été la constante maxime du despotisme ; elle a été celle des césars romains, elle a été celle du dernier empire. La République ne vit au contraire que par la concorde et la paix entre les citoyens. Tant que subsistera la déplorable division qui partage la société en deux camps, elle sera toujours en péril.

Mais comment effacer cette division ? Comment faire disparaître ce mal qui paraît si profond !

Si le despotisme l'a entretenu et envenimé, il ne l'a cependant pas créé à lui tout seul. Il vient en grande partie de ces deux causes, d'une part l'ignorance ou le sophisme touchant les lois de l'économie sociale, et de l'autre le vice : l'égoïsme ou la dureté du cœur chez les uns, chez les autres l'envie ; chez les uns l'opulente oisiveté, le libertinage plus ou moins élégant, chez les autres la honteuse paresse ou l'ignoble débauche. Par conséquent, — et je reviens ici aux deux points fondamentaux que j'ai déjà posés, — on corrigera le mal en éclairant et en moralisant les citoyens. Une instruction solide, telle qu'elle convient, leur montrera ce que doivent être leurs rapports réciproques, et une forte moralité, répandue autant que possible dans toutes les couches de la société, chassera les vices dont je viens de parler pour mettre à leur place une bienveillance mutuelle, le goût du travail, le dégoût de l'oisiveté et de la débauche, etc. Et alors il n'y aura plus rien à craindre de ces théories décevantes qui égarent aujourd'hui tant d'esprits : le communisme, ou ce que l'on appelle à présent le *collectivisme*, nom nouveau inventé pour rajeunir une vieille et funeste erreur.

Ajoutez à cela les lois qu'exige la justice, c'est-à-dire une véritable égalité entre les citoyens, celles, par exemple, qui répartissent l'impôt de manière à ne pas peser sur les objets de première nécessité et à ne pas rendre la vie plus lourde aux travailleurs ; ajoutez-y toutes celles que réclame l'humanité et qui tendent à réaliser, autant que cela peut dépendre de la législation, ce troisième terme de la devise républicaine, la Fraternité.

Ajoutez-y enfin les institutions économiques que, sous le régime de la liberté, l'initiative privée doit produire conformément aux indications de la science et de l'expérience, les associations, les sociétés coopératives de tout genre, de crédit, de production, de consommation, etc. L'esprit d'association bien entendu, c'est-à-dire enté sur l'énergie individuelle (à laquelle il faut toujours en revenir et que rien ne peut remplacer), et respectueux pour la liberté de chacun, au lieu d'être menaçant pour celle de tous : voilà, je ne dirai pas le seul, mais l'un des principaux éléments de la solution de ce problème qu'on appelle la *question sociale* et dont les peureux d'une part et les sophistes de l'autre ont fait à l'envi un épouvantail au grand profit du despotisme.

***

Mais, pour que la République puisse ainsi ramener la concorde et la paix entre les citoyens, il faut qu'elle soit enfin reconnue et acceptée par tous comme la forme définitive du gouvernement de la France. Il ne faut pas que la discorde politique vienne exciter et alimenter la guerre sociale.

Malheureusement la République, étouffée dans une nuit néfaste par le crime du Deux-Décembre et rétablie le 4 septembre dernier par la force même des choses, — il est vrai dans de déplorables conditions, — la République a été remise en question. Les partis monarchiques n'ont pas abdiqué leurs prétentions. Il y a toujours des hommes qui rêvent le retour à un ordre de choses qui a pu avoir sa raison d'être dans le passé, qui même a eu parfois sa grandeur, — nous ne le nions pas, — mais que condamne irrévocablement l'esprit de notre temps, et qu'on ne tenterait de restaurer qu'en jetant dans la société le germe de nouvelles convulsions. Qu'on s'en afflige ou qu'on s'en réjouisse, la France ne s'arrêtera plus dans la monarchie de droit divin, et elle ne se contentera plus de ce moyen terme qu'on nomme la monarchie constitutionnelle. Ceux qui veulent la ramener à la monarchie sont donc des ennemis de son repos ; ce sont des révolutionnaires à reculons.

Tant qu'on ne se sera pas mis une bonne fois d'accord sur la forme du gouvernement, — et il n'y a que la République qui puisse obtenir cet accord, parce que, comme le disait autrefois M. Thiers, qui le pense sans doute bien mieux encore aujourd'hui, elle est le gouvernement qui nous divise le moins, et parce qu'elle est le seul gouvernement qui soit réellement conforme au droit humain, — tant, dis-je, qu'on ne se sera pas mis enfin d'accord sur cette forme de gouvernement, la société sera toujours inquiète, toujours troublée, toujours à la veille de nouvelles convulsions et de nouvelles révolutions, et la République, toujours forcée de se tenir sur la défensive, ne pourra remplir convenablement la mission qui lui est dévolue.

Qu'il se forme, dans le sein même de la République, deux grands partis, un parti conservateur et un parti progressiste, le premier représentant les intérêts établis, le second voulant toujours marcher en avant, le premier contenant le second, le second poussant le premier, c'est là un fait naturel, que nous voyons se produire dans toutes les Républiques et qui est pour elles une source de vie ; mais à quelle condition ce fait peut-il être salutaire, au lieu d'être mortel ? À la condition que les deux partis en présence s'accordent également, comme en Suisse ou aux États-Unis, à ne point mettre en cause la forme même du gouvernement. Cet accord est sans doute difficile à opérer parmi nous, à cause, je ne dirai pas de nos traditions, mais de nos habitudes et de nos vices monarchiques ; mais c'est aux conservateurs intelligents à donner ici l'exemple en se ralliant franchement, sans arrière-pensée, à la République, et en faisant qu'elle devienne réellement ce qu'elle doit être, l'œuvre de tous, au lieu d'être celle d'un parti.

De leur côté, — si cette condition est remplie, mais il faut qu'elle le soit, — les républicains doivent transformer leur rôle d'hommes de parti. Je n'admets pas ce principe qu'on a récemment mis en avant, d'une république sans républicains. S'il est bon de faire place, dans le banquet de la République, aux ouvriers de la dernière heure, même aux convertis du lendemain, — pourvu que leur conversion soit sincère et qu'ils donnent des gages sérieux de leur sincérité, — il serait souverainement inique et souverainement maladroit de vouloir exclure les ouvriers de la première heure, ceux qui ont toujours vécu et souvent souffert pour la cause républicaine. Mais, si les républicains ont bien le droit de revendiquer leur place dans la République, ils doivent se dépouiller de cet esprit d'intolérance et d'exclusion, propre aux sectaires, qui était peut-être naturel dans la lutte, mais qui est contraire à tout véritable esprit de gouvernement.

Il faut ensuite qu'ils rompent définitivement, non certes avec les grandes traditions de la Révolution, où ils doivent au contraire placer leur point d'appui, mais avec ce passé révolutionnaire qui n'est lui-même qu'un triste legs du passé monarchique, parce que, comme il serait facile de le démontrer l'histoire à la main, il en a été le produit et en beaucoup de points l'imitation.

Je parlais tout à l'heure de certains conservateurs que j'appelais des révolutionnaires à reculons. Ce sont aussi des révolutionnaires à reculons ces hommes qui, pleins des souvenirs d'une époque terrible, qui ne devait plus renaître, et pleins aussi d'une admiration malsaine pour les plus mauvais procédés de cette époque, ne trouvent rien de mieux à faire que de les ressusciter, et, par cet odieux plagiat, travaillent à détruire de leurs propres mains ce qu'ils prétendent sauver, la République. La République n'a pas de plus dangereux ennemis que ces soi-disants amis de la République.

Il faut enfin et en général que les républicains joignent à l'ardeur de leurs convictions cette sagesse pratique qui leur a trop souvent fait défaut jusqu'ici. Ils ont souvent poussé à un très-haut degré le sens de l'idéal, ç'a été leur force ; mais ils n'ont pas toujours porté au même degré le sens des réalités et des possibilités pratiques, ç'a été leur faiblesse. L'habileté que je demande, en prenant ce mot dans son meilleur sens, n'exclut pas la netteté des principes et la franchise de la conduite : elle les suppose au contraire ; mais elle veut qu'à ces qualités, que les républicains ne doivent jamais perdre, ils joignent ce sens pratique, ce tact politique qui modère des impatiences, naturelles, généreuses, même légitimes, mais dangereuses, et qui assure, au lieu de la compromettre, la réalisation des idées qu'ils ont en vue.

Grâce à cette sagesse, qui ne semble pas bien difficile à pratiquer, car elle ne demande qu'un peu de bon sens, — il est vrai que le bon sens, à l'inverse de ce que l'on a dit de l'esprit, ne court pas toujours les rues, — grâce à cette sagesse, les préventions qu'excite encore le seul mot de république, ce mot pourtant si simple et si sublime, l'un des plus beaux qui soient dans les langues humaines, ces préventions tomberont ; les gros bataillons des villes et des campagnes, jusque-là hostiles ou indifférents, se rallieront autour du drapeau sur lequel ce mot est écrit, et à côté de ce mot ceux-ci : ordre, liberté, sécurité, travail ; et la France, après tant d'orages, aura enfin trouvé le port !

****

Je n'ai parlé jusqu'ici que du rôle de la République à l'intérieur ; je voudrais dire un mot, avant de finir, de ce que doit être son rôle à l'extérieur.

Pour la troisième fois, dans le cours de ce siècle, c'est-à-dire dans l'espace de moins de soixante ans, le régime napoléonien, — c'est là un fait qu'aucune négation ne peut contester, qu'aucun sophisme ne peut colorer, — le régime napoléonien a livré la France à l'invasion étrangère et l'a laissée plus petite qu'il ne l'avait trouvée. Il lui a coûté cette fois, outre des torrents de sang inutilement versés, outre les milliards qu'il faut payer à l'ennemi vainqueur, deux de ses plus belles provinces, deux provinces qui lui appartenaient depuis des siècles et qui lui étaient, que dis-je ? qui lui sont et resteront toujours profondément attachées. Comment réparer ces désastres, — autant du moins qu'ils peuvent être réparés, car on ne rendra pas la vie à ceux qui ne sont plus et on ne rendra pas leurs membres à nos pauvres mutilés ; — et comment replacer la France au rang qu'elle a perdu ? Ma réponse est toujours la même : par la pratique des institutions républicaines. Par là, la France se relèvera elle-même, et elle donnera l'exemple aux autres peuples. Alors peut-être, — c'est sans doute une utopie que j'exprime là, mais il est doux de la caresser au lendemain des horreurs de la guerre que nous venons de subir, — alors peut-être, grâce à une heureuse transformation de ces peuples, due à l'exemple et à l'initiative de la France, celle-ci pourra-t-elle recouvrer, sans avoir à déchaîner de nouveau le fléau de la guerre, ce qui vient de lui être arraché. Que si cela est une utopie, que si cela ne peut se faire ainsi, alors, lorsqu'elle aura refait ses forces suivant un système militaire vraiment démocratique, lorsqu'elle aura trouvé son heure, heure que je ne puis déterminer, mais qu'il faut attendre patiemment, alors, elle livrera le grand combat, mais en tirant l'épée, elle dira à la Prusse : « Conformément aux principes de ma Révolution, qui est celle de l'humanité elle-même, je répudie tout esprit de conquête ; je ne veux (retournant ainsi un mot fameux, mais trop mal soutenu) ni un pouce de votre territoire, ni une pierre de vos forteresses, ni un écu de votre argent ; je veux seulement reprendre ce que vous m'avez pris et ce que vous n'avez pas le droit de garder. Dès que vous me le restituerez, je mettrai bas les armes. Jusque-là battons-nous. » Et elle vaincra cette fois, car elle aura pour elle le droit, et avec le droit la force organisée qui le fait triompher. Voilà la revanche que la République ménagera à notre malheureux pays. Et ainsi non seulement elle aura pacifié la France, mais elle pacifiera l'Europe.

Le crime du Deux-Décembre avait jeté dans le sein de la France une perturbation qui avait corrompu ses organes et troublé ses fonctions ; la République a fait disparaître ce désordre, au moins dans son principe, sinon encore dans ses effets, — des effets si désastreux ne se corrigent pas si vite. — À son tour, le criminel usage que la Prusse vient de faire de sa victoire, en s'annexant par la violence des provinces qui ne veulent pas être à elle, a jeté dans le sein de l'Europe une perturbation qui ne lui laissera aucune sécurité ni aucune dignité tant qu'elle n'aura pas disparu. La République française réparera aussi ce désordre européen, et, en jetant les bases de la fédération des peuples libres, elle préparera le règne de la paix, cet idéal de l'humanité qu'il faut poursuivre, dussions-nous ne jamais le réaliser entièrement.

Les Principes et les Mœurs de la République

AVANT-PROPOS

Ce petit livre n'a d'autre prétention que de concourir à la diffusion des idées républicaines : s'il atteint son but, je me flatte qu'il aura rendu un grand service à notre chère et malheureuse patrie.

Tous les despotismes qui ont pesé sur ce pays, particulièrement le bonapartisme, qui l'a poussé à l'abîme, ont travaillé à obscurcir les esprits et à dégrader les caractères. Il s'agit de remettre de la clarté dans nos idées et de la dignité dans nos mœurs. Ce sont là les premières conditions de notre régénération. Puisse ce livre aider à cette œuvre de salut !

Jules Barni.

PREMIÈRE PARTIE
LES PRINCIPES RÉPUBLICAINS

I. QU'EST-CE QUE LA RÉPUBLIQUE ?

République signifie *chose publique*, la chose de tous.

La chose publique, c'est-à-dire tout ce qui intéresse à la fois tous les membres d'une société constituée en État : par exemple, l'intégrité du sol national, l'indépendance et l'honneur de la patrie, les droits des citoyens, etc., cette chose de tous doit être l'œuvre de tous : tous y doivent participer par le suffrage, par l'impôt, par le service militaire.

Aussi a-t-on dit justement que la république était le gouvernement de tous par tous.

Dans ce système, il n'y a plus un *maître*, roi ou empereur, et des *sujets*, mais des *citoyens* également soumis à la loi commune qu'ils se sont donnée à eux-mêmes dans l'intérêt de tous. Le gouvernement n'est plus au-dessus ou en dehors de la nation ; il se confond avec la nation elle-même.

Telle est la république.

Jules Barni

L'admirable devise de nos pères : *Liberté, Égalité, Fraternité*, en résume les principes fondamentaux. Expliquons-les successivement.

II. QU'EST-CE QUE LA LIBERTÉ ?

La liberté est, dans son principe, la faculté qui permet à l'homme de se diriger lui-même, de disposer de lui-même, en un mot d'être *son propre maître*, au lieu d'être la chose d'un autre, comme un outil ou un animal.

Cette faculté, qui le distingue ainsi de la bête et lui donne la responsabilité de sa conduite, exige qu'il ne soit entravé dans aucun de ses actes, à moins que ceux-ci n'aient pour effet de porter atteinte à la même liberté dans ses semblables.

Il doit donc pouvoir, sous cette condition, penser et parler librement, travailler librement, user librement du fruit de son travail, etc.

C'est précisément pour assurer l'exercice de toutes ces libertés naturelles et la jouissance des biens qui en dérivent, que sont institués les lois et les pouvoirs publics. Malheureusement les gouvernements ont presque toujours usé de leur autorité pour opprimer les peuples à leur profit. Telle est la tendance de tous les gouvernements monarchiques et aristocratiques : ils traitent les hommes comme des troupeaux. L'esprit du gouvernement républicain est, au contraire, de respecter en eux la dignité inhérente à leur titre d'hommes, et d'en faire de libres citoyens.

Le lien civil qui les unit leur impose, il est vrai, certaines obligations qui semblent restreindre leur liberté ; mais, dans le système républicain, d'une part, les lois et les pouvoirs publics auxquels ils sont soumis, loin d'y porter atteinte, ne font qu'en assurer réellement le légitime exercice, en accordant la liberté de chacun avec celle de tous, et, d'autre part, c'est d'eux-mêmes qu'émanent ces lois et ces pouvoirs publics, établis par tous dans l'intérêt de tous.

En somme, gouvernement de soi-même, soit dans l'individu, soit dans le peuple entier, voilà la liberté.

Elle est le premier principe du gouvernement républicain.

L'égalité en est la conséquence nécessaire.

III. QU'EST-CE QUE L'ÉGALITÉ ?

La liberté qui attribue à l'homme le gouvernement de lui-même et constitue sa personnalité, n'est pas un privilège, mais elle est l'apanage de l'humanité elle-même. À ce titre, toutes les créatures humaines sont égales : elles ont les mêmes droits innés et inviolables. Pierre a beau être moins fort, ou moins habile, ou moins riche que Jacques ; il n'en est pas moins, comme homme, c'est-à-dire comme être libre, l'égal de Jacques, et celui-ci abuserait de sa force, de son habileté ou de sa richesse en l'opprimant, ou en le traitant comme une créature inférieure.

L'égalité découle donc nécessairement de la liberté. Dire que les hommes sont libres, c'est dire qu'ils sont égaux, puisqu'en vertu de cette liberté chacun doit être son propre maître, et que nul ne peut se faire le maître des autres que par usurpation.

Considérée dans l'ordre civil ou politique, cette égalité devient celle des citoyens. Ils doivent être égaux devant la loi, en ce sens qu'ils doivent être tous indistinctement soumis à la même loi : c'est ce que l'on nomme plus particulièrement l'*égalité civile* ; et ils doivent aussi être égaux dans la loi, en ce sens qu'ils doivent tous participer à la formation des pouvoirs chargés de la faire ou de l'exécuter : c'est ce que l'on appelle spécialement l'*égalité politique*. Sans cette double égalité, les membres de la société, au lieu de former, comme il est juste et conforme à l'intérêt général, un seul et même corps, sont divisés en classes distinctes et nécessairement hostiles : la loi n'étant pas la même pour tous, on a une classe de privilégiés en face du reste de la nation ; et tous ne participant pas au gouvernement de la chose publique, d'un côté sont les gouvernants et de l'autre les gouvernés.

Plus de privilèges, plus de distinctions de castes ou de classes, tous citoyens au même titre, telle est l'égalité dans l'État. Elle n'existe pleinement que dans la république.

Peut-elle aller jusqu'au nivellement de toutes les fortunes sous un même cordeau ? Non, car ce nivellement serait la ruine de la liberté. Mais ce doit être l'effet de la liberté même, éclairée par une solide instruction, et de lois habilement combinées en vue de l'intérêt public, d'éteindre dans la société la misère, de développer le bien-être général et de rapprocher de plus en plus les conditions sociales.

Ceci nous conduit au troisième terme de la devise républicaine : la fraternité.

IV. QU'EST-CE QUE LA FRATERNITÉ ?

Il n'est que juste de respecter dans tout homme, par conséquent dans tout citoyen, la liberté qui lui est inhérente. Agir autrement, ce serait violer en lui un droit imprescriptible.

Il n'est que juste aussi de traiter tous les citoyens comme des égaux. Tout privilège, toute distinction de classes est contraire au droit humain, dont le droit civil et le droit politique ne doivent être que la consécration et le développement.

La liberté et l'égalité sont donc de droit strict, et la Révolution française, en les inscrivant dans sa devise, n'a fait que se conformer à la simple justice.

Mais le respect du droit strict ne suffit pas dans la société. Il ne suffit pas de ne pas attenter à la liberté d'autrui et de ne pas blesser l'égalité qui dérive du principe même de la liberté ; pour qu'une société d'hommes soit vraiment *humaine*, il faut qu'ils se regardent comme faisant partie, à titre d'hommes, d'une seule et même famille, et qu'ils s'aiment comme des frères.

Ce nouvel élément, qui forme entre eux un lien, non pas seulement de respect, mais d'affection réciproque, est ce que l'on nomme la *fraternité*.

C'est ce principe qu'exprimait un poëte ancien en disant, aux applaudissements du peuple romain : « Je suis homme, rien de ce qui est humain ne m'est étranger » ; que déjà la philosophie stoïcienne opposait à l'étroit esprit de la cité antique ; que l'Évangile a nommé la charité universelle et formulé dans cette simple maxime : « Aime ton prochain comme toi-même » ; qu'enfin tous les grands écrivains du XVIIIe siècle ont remis si admirablement en lumière, en développant cette large idée : *l'humanité*.

La Révolution française a justement pensé que sa devise resterait incomplète, si elle n'y ajoutait ce troisième terme.

Sans doute, la fraternité, qui n'est plus une chose de droit strict, mais de bienveillance et d'amour, dépend plutôt des mœurs que de la législation : elle ne se décrète pas, comme la liberté ou comme l'égalité ; mais la législation peut, au moins par l'instruction publique, contribuer à en développer le sentiment dans les âmes, et il est bon qu'elle s'en pénètre elle-même, comme d'un parfum salutaire. Quelle que soit d'ailleurs l'action de la loi à cet égard, la fraternité a un trop grand rôle à jouer dans la société pour qu'elle n'inspire pas, dans la vie privée comme dans la vie publique, toute âme vraiment républicaine.

Par elle, les ressorts s'adoucissent, les obstacles disparaissent, les problèmes sociaux, qui, sans son intervention, ne seront jamais complètement résolus, se trouvent tranchés ou simplifiés. Si parfaite que puisse être la constitution d'un État, elle en sera toujours un complément indispensable.

Ajoutons tout de suite qu'en s'étendant à tous les hommes, à quelque race ou à quelque nationalité qu'ils appartiennent, elle doit concourir à éteindre les haines sauvages de peuple à peuple, et à faire disparaître, par l'union des diverses branches de la famille humaine, cette atroce barbarie qu'on appelle la guerre.

V. LA VERTU DANS LA RÉPUBLIQUE.

Montesquieu a dit que la vertu est le fondement du gouvernement républicain, comme la peur est celui du gouvernement despotique.

La vérité de cette pensée ressort clairement de ce que nous avons exposé jusqu'ici.

Le gouvernement républicain est, avons-nous dit, celui de la chose publique, administrée par tous dans l'intérêt de tous. Il exige, par conséquent, que les citoyens dont il se compose consultent, dans la part qu'ils sont appelés à y prendre, non tel ou tel intérêt particulier, mais uniquement l'intérêt général, et qu'ils sachent y sacrifier au besoin leur intérêt. Sans ce désintéressement et ce dévouement à la chose publique, c'est-à-dire, en un mot, sans la vertu civique, il n'y a pas de république. Elle cesse d'être la chose de tous pour devenir la proie des intrigants ou des ambitieux, exploitant au profit de leurs convoitises la portion de pouvoir qui leur est dévolue. Elle est dès lors perdue, et son nom même ne tarde pas à disparaître. Le despotisme vit d'égoïsme et de corruption, mais les républiques en meurent.

***

Précisons le rôle de la vertu dans la république en la considérant en particulier par rapport à chacun des principes qui composent la devise républicaine.

La république laisse à chaque citoyen toute sa liberté d'action ; mais, pour que cette entière liberté ne dégénère pas en licence, il faut que ceux qui en jouissent sachent se gouverner eux-mêmes et respecter les droits des autres. Or, ce respect de soi-même et des autres, qui a son principe dans celui de la dignité humaine, fait précisément partie de ce qu'on nomme la vertu. Il y a sans doute des lois pour réprimer la licence, qui est la négation même de la liberté ; mais la sagesse antique l'a bien dit : « Que sont les lois sans les mœurs ? » Sans les mœurs de la liberté, les lois sont impuissantes à la préserver des excès qui la ruinent et ouvrent la porte au despotisme. Citoyens, voulez-vous vivre libres au sein de la république, apprenez à respecter en votre personne et dans celle des autres la dignité humaine ?

Ce respect de la dignité humaine est aussi le meilleur garant de l'égalité que la république doit établir entre les citoyens. Quiconque respecte sincèrement la dignité humaine ne cherche pas à s'élever au-dessus de ses concitoyens, comme s'il était d'une nature à part, mais il repousse toute distinction humiliante pour eux ; et, ne prétendant pas se faire leur supérieur, il ne leur permet pas de le traiter lui-même comme un inférieur. Ainsi se fonde réellement l'égalité républicaine, qui repousse à la fois l'esprit de domination et le servilisme. Ainsi sont chassés en même temps ces deux fléaux des républiques : la vanité avec ses insolentes prétentions, et l'envie avec ses basses révoltes.

La fraternité enfin, d'après ce que nous en avons dit, relève plutôt des mœurs que de la législation. Elle est la vertu par excellence, et cette vertu, nous l'avons dit aussi, est l'indispensable auxiliaire de toute constitution républicaine. Elle soutient et achève l'harmonie sociale.

On voit donc combien il est juste de dire avec Montesquieu que la vertu est le principe du gouvernement républicain. Elle est à la république ce que le vice est au despotisme.

DERNIÈRE PARTIE
LES MŒURS RÉPUBLICAINES

Les institutions républicaines, pour se fonder et durer, supposent des mœurs républicaines. Elles portent sans doute en elles-mêmes une vertu moralisatrice : tandis que le despotisme est essentiellement corrupteur, elles ont naturellement pour effet d'élever et d'ennoblir les âmes ; mais au moins faut-il que celles-ci les secondent et à leur tour les soutiennent. Autrement elles n'arriveraient même pas à se faire accepter, ou elles ne seraient bientôt plus qu'une lettre morte. Voyons donc quelles sont les mœurs qui doivent répondre aux institutions républicaines et leur donner la vie. Déjà, en exposant les principes fondamentaux de la république, nous avons montré comment il est vrai de dire avec Montesquieu que la vertu est le fondement de cette forme de gouvernement. C'est cette pensée qu'il s'agit de reprendre par le détail en analysant les mœurs qu'appelle la république.

I. LA DIGNITÉ PERSONNELLE.

Le premier point est de respecter en soi-même la dignité humaine. Celui qui s'enveloppe de cette vertu est à l'abri de tous les vices sur lesquels s'appuie le despotisme et qui corrompent les républiques où ils se glissent. Il ne courbe point l'échine devant le pouvoir qui distribue les places et les honneurs, et ne veut rien devoir à la faveur, mais tout à son travail et à son mérite. Il ne *sollicite* jamais, suivant une expression consacrée dans la langue monarchique, mais qui doit disparaître de la langue républicaine ; et, même pour obtenir ce qu'il a conscience d'avoir mérité, il ne se fait le courtisan de personne. Ce n'est pas en lui qu'on trouvera jamais, soit dans la monarchie, l'étoffe d'un courtisan, soit dans la république, celle d'un flatteur du peuple. Le servilisme, ou, ce qui est au fond le même vice, la flatterie démagogique, lui est en horreur : il a l'âme trop fière pour y descendre, et il sait bien que, selon une énergique parole de Kant qu'on ne saurait trop répéter,[1] « celui qui se fait ver n'a plus droit de se plaindre d'être écrasé. » Il n'a pas une moindre répugnance pour le mensonge, qui est aussi une dégradation : et, repoussant tout masque, il veut être vrai en toutes choses. Vous pouvez donc vous fier à sa parole ; c'est celle d'un homme. Le même respect de la dignité humaine inspirera à ceux qui en seront pénétrés l'horreur de l'ivrognerie et de tous les vices qui ravalent l'homme au rang de la brute et souillent, hélas ! sur une si grande échelle nos sociétés démocratiques. La sobriété, comme la sincérité, comme cette fierté d'âme qui chasse tout esprit de courtisanerie, doit être l'accompagnement et le soutien des ré-publiques. Nous ne demandons pas aux républicains de retourner au brouet noir des Spartiates, mais de rejeter loin d'eux tout ce qui dégrade la personne humaine, tout ce qui tue l'amour du travail, tout ce qui étouffe en nous le sentiment de notre responsabilité et de nos devoirs.

Ce sentiment est la condition vitale de tout système républicain. Non seulement il ne faut pas en étouffer le germe, mais il faut le développer dans toute sa plénitude, si l'on veut faire des hommes capables de vivre en république. C'est de là que naît ce respect de la dignité humaine dont nous venons de relever l'importance. C'est par là que les citoyens apprendront à *s'aider eux-mêmes*, au lieu de compter sur le secours d'autrui et de tout attendre de l'État. Ainsi se formera l'habitude de l'effort personnel et de l'initiative privée, si rare chez les peuples que le despotisme a tenus en tutelle, mais si nécessaire dans les républiques.

II. LE CULTE DE LA FAMILLE.

La famille est la première et la plus naturelle de toutes les asso-ciations humaines. Elle est le noyau originaire de la société et la base même des États. Là où elle est en honneur, où ses lois sont respectées, elle est un solide fondement de la cité ; le mépris de la famille et de ses devoirs est au contraire le signe certain de la déca-dence d'un peuple. Qu'attendre en effet d'une société qui traiterait légèrement la chasteté des femmes, les liens du mariage, l'éduca-

---

1 *Doctrine de la vertu*, page 101 de ma traduction.

tion des enfants, le respect des parents, l'affection réciproque des frères ? Elle serait nécessairement vouée à la ruine. La corruption de la famille ne peut manquer d'avoir pour effet celle de l'État, car elle ouvre la porte à toutes les autres. Que le despotisme s'en accommode et même l'encourage, cela est dans sa nature même, puisque le caractère du despotisme, suivant la saisissante image de Montesquieu, est de jeter l'arbre par terre pour en cueillir les fruits ; mais la république doit laisser l'arbre debout et l'entourer de tous ses soins. Sans doute il y a une certaine préoccupation étroite des intérêts de famille qui est un obstacle à l'indépendance du citoyen et à l'accomplissement de ses devoirs publics ; mais, bien comprises, les vertus familiales sont elles-mêmes l'aliment des vertus civiques, et, loin de nuire aux intérêts généraux de la république, elles concourent à sa prospérité. Ceux-là donc commettent une profonde erreur qui croient fortifier l'État en ruinant la famille. Comme Aristote l'objectait justement à Platon, ils noient dans l'océan la goutte de miel que la nature a déposée en chacun de nous. Voulez-vous être un bon citoyen, soyez d'abord bon fils, bon époux, bon père, bon frère ; vous remplirez ainsi vos premiers devoirs, et la république s'en trouvera bien. Le culte de la famille est une des conditions de son salut.

III. L'AMOUR DE LA LIBERTÉ.

La république suppose dans les citoyens l'amour de la liberté. Sans cet amour, ils feraient bon marché d'une forme de gouvernement qui leur impose une tâche glorieuse sans doute, mais pénible, celle de se gouverner eux-mêmes, et ils se laisseraient aller volontiers au despotisme, qui les débarrasse de ce souci. Aussi l'amour de la liberté a-t-il été considéré de tout temps comme l'une des qualités essentielles du républicain. Mais il faut que cet amour soit éclairé par une idée exacte de la liberté.

La liberté n'est pas la *licence* : celle-ci n'est pas seulement l'abus de celle-là, elle en est la négation. Celui qui s'imaginerait que sa liberté consiste à faire tout ce qui lui plaît sans souci de celle des autres, ne serait pas l'ami, mais l'ennemi de la liberté : il la ruinerait dans son principe. La liberté ne va pas sans une règle qui en restreint pour chacun l'exercice au respect de celle des autres. Aussi est-elle identique à l'ordre véritable.

Il suit aussi de la juste idée de la liberté qu'elle n'a non plus rien de commun avec le fanatisme de ceux qui n'admettent pas qu'on puisse penser autrement qu'eux en matière de religion, de philosophie ou de politique, et qui voudraient imposer aux autres leurs idées. Le fanatisme des sectaires de telle ou telle doctrine philosophique ou politique n'est pas moins révoltant que le fanatisme religieux ; peut-être même l'est-il davantage, car il transporte dans le champ de la libre pensée les procédés de ceux qui ne songent qu'à l'étouffer. Le vrai amour de la liberté repousse le fanatisme, de quelque côté qu'il vienne. Celui qui le possède reconnaît à chacun le même droit de penser qu'il s'attribue à lui-même, et ne se montre intolérant qu'à l'égard de l'intolérance, qui supprime le droit. Il sait d'ailleurs que ce serait folie de vouloir mettre toutes les têtes sous un même bonnet, et que la diversité même des manifestations de la pensée est une des conditions de la recherche de la vérité.

En tout, la liberté, c'est-à-dire le libre épanouissement de toutes les facultés, le libre exercice de toutes les activités, le libre développement de toutes les ressources, est, en même temps que le droit de chacun, le meilleur instrument du bien commun. Les libertés publiques ne sont que la consécration et la garantie de cette liberté-là. C'est celle-là qu'il faut aimer, c'est celle-là qu'il faut revendiquer et défendre contre les usurpations du pouvoir, quel qu'il soit ; c'est celle-là que tout vrai ami du gouvernement républicain doit savoir pratiquer pour son propre compte et respecter chez les autres. Il n'y a pas de république digne de ce nom et durable sans les mœurs de la liberté.

IV. L'AMOUR DE L'ÉGALITÉ.

L'amour de l'égalité n'est pas moins essentiel dans une république que celui de la liberté. L'égalité a beau être inscrite, à côté de la liberté, dans la constitution d'un pays, ce pays ne sera pas vraiment républicain si elle n'est pas aussi dans le cœur et dans les mœurs des citoyens, si les uns cherchent à se distinguer des autres par des titres et des décorations, s'ils affectent des airs de supériorité blessants pour ceux que la nature ou la fortune n'ont pas aussi bien dotés, s'ils étalent un luxe écrasant, si, enfin, au lieu de chercher à faire oublier la distance sociale qui peut exister entre eux et leurs concitoyens, ils l'accusent insolemment. Cette vanité est tout l'opposé de l'amour de l'égalité, par conséquent de l'esprit républicain. D'un autre côté, cet amour n'est pas celui d'un nivellement brutal qui égaliserait toutes les conditions, effacerait toutes les différences et confondrait toute la société dans un même néant. Il accepte les distinctions qu'on ne pourrait supprimer sans attenter à la liberté, et il n'exclut ni la reconnaissance due aux services éclatants, ni le respect du talent bien employé. L'amour de l'égalité n'est pas la haine de toute supériorité. S'il chasse la vanité, il ne repousse pas moins l'*envie*, cette plaie des démocraties qui appelle aussi le despotisme. Le malheur est que le premier de ces vices, en se produisant chez les uns, excite ou envenime le second chez les autres. Voulons-nous prévenir les explosions de l'envie, gardons-nous des étalages de la vanité, et donnons à nos mœurs le cachet du véritable amour de l'égalité ?

V. L'HUMANITÉ.

C'est beaucoup d'aimer la liberté et l'égalité : il n'y a point de république là où ce double amour ne domine pas dans l'âme des citoyens, et c'est ici la première source d'où jaillit la vie républicaine ; mais cela ne suffit pas encore. La liberté et l'égalité ne font, comme nous l'avons dit dans la première partie de cette étude, qu'exprimer le droit, le droit absolu, le droit strict ; mais celui qui se bornerait à respecter ce droit chez les autres, s'y attachât-il avec amour, n'établirait pas encore entre eux et lui ce lien plus intime qui doit resserrer l'union des *citoyens* par l'amour des *hommes* et consommer ainsi l'harmonie de la république. Ce sentiment qu'on nomme d'un seul mot, si heureux, l'*humanité*, est le complément nécessaire des vertus civiques. Il inspirera aux citoyens favorisés de la fortune une sympathie active pour ceux qu'elle a déshérités, apaisera les haines qui transforment en ennemis des concitoyens de conditions diverses faits pour s'aimer et s'entr'aider, et concourra à dissiper un antagonisme qui trouble la société et menace l'existence même de la république. Citoyens, soyez *humains* les uns à l'égard des autres ; la pratique de cette simple maxime aplanira bien des difficultés, et, beaucoup mieux que la force armée, assurera la paix sociale. Elle doit être la vertu républicaine par excellence.

VI. LE RESPECT DE LA LOI.

La loi, qui est, dans le système monarchique, l'expression de la volonté d'un individu, et, dans le système aristocratique, celle de la volonté d'une caste, est, dans le système républicain, l'expression de la volonté générale, de la volonté du peuple entier, statuant, soit directement, soit par l'intermédiaire de ses représentants, sur le droit commun ou l'utilité publique. Elle a droit au respect et à l'obéissance de tous les citoyens par cela seul qu'elle émane, non plus d'une volonté autocratique ou oligarchique, mais de la volonté générale exprimée par le suffrage universel. À la vérité cette volonté générale n'est le plus souvent en fait que celle de la majorité des citoyens, car il est bien difficile qu'un accord absolu s'établisse entre tant d'esprits divers, sur des matières aussi délicates que celles qui font l'objet des lois ; il se peut même qu'elle s'égare, car elle n'est pas infaillible ; mais le devoir de tout citoyen n'en est pas moins d'obéir en tout cas à la loi qu'elle décrète, sauf à travailler par les moyens légaux à la changer, parce que cette soumission à la volonté de la majorité est la condition même de la république, et que, sans elle, celle-ci tomberait dans l'anarchie. Nous ne demandons pas aux citoyens d'aimer la loi, comme nous leur demandons d'aimer la liberté, l'égalité, la fraternité, car nous savons que, même dans la meilleure république, la loi n'est pas constamment la traduction exacte de ces grands principes et qu'elle n'est pas toujours faite pour être aimée ; mais nous leur demandons de la respecter, quelle qu'elle soit, dès qu'elle existe et tant qu'elle subsiste, ce qui n'en interdit nullement la critique et la réforme, mais ce qui exclut la désobéissance et le recours à la force. La désobéissance et le recours à la force peuvent être un droit et même un devoir en face de la tyrannie d'un souverain ou d'une faction ; ils sont un crime dans un État républicain. Le respect de la loi est la sauvegarde des républiques ; il est donc aussi un des éléments essentiels de la vertu républicaine. Il faut que les citoyens s'en fassent une habitude. Cela est d'autant plus nécessaire dans les républiques, qu'ils jouissent d'une plus grande liberté et que cette liberté dégénérerait trop aisément en licence, s'ils ne s'imposaient ce frein à eux-mêmes.

VII. LE DÉVOUEMENT À LA CHOSE PUBLIQUE.

Le despotisme développe l'égoïsme et refoule l'esprit public. Lorsque l'État est entre les mains d'un homme qui en dispose à son gré et ne laisse à ses sujets d'autre rôle que celui d'obéir et de servir, quel intérêt ceux-ci peuvent-ils prendre à la chose publique ? Il ne leur reste qu'à chercher dans la jouissance personnelle un dédommagement à leur servitude. Ils s'arrangent pour satisfaire leurs appétits le plus largement possible et par tous les moyens, jusqu'au terrible lendemain que le césarisme ne manque jamais d'amener, mais auquel ils ne songent guère. La république, au contraire, qui est, comme son nom même l'indique, le gouvernement de la chose publique par les citoyens eux-mêmes, en les appelant tous à prendre part à ce gouvernement, développe en eux par là même l'esprit public et refoule l'égoïsme. Mais c'est ici le cas de répéter ce que nous avons dit précédemment d'une manière générale : il faut qu'à leur tour les mœurs lui viennent en aide. Il faut que les citoyens s'accoutument à subordonner et à sacrifier au besoin leurs intérêts personnels aux intérêts publics ; il faut qu'ils se rendent capables de désintéressement et de dévouement. S'ils se montraient avides de places, s'ils ne voyaient dans les fonctions où ils peuvent être appelés qu'un moyen de fortune, s'ils ne savaient comprimer leur esprit de personnalité et dominer leur ambition, si, en un mot, ils avaient plutôt en vue dans tous leurs actes leur chose propre que la chose publique, la république serait perdue. Aussi est-ce une grande erreur aux partisans du régime républicain de présenter le principe de l'intérêt personnel comme la base de la morale ; c'est nier l'essence même de la vertu républicaine, comme de toute vertu en général. Sans doute le gouvernement républicain est de tous celui qui, bien organisé et bien dirigé, est en somme le plus favorable aux intérêts particuliers de chacun, et il est parfaitement légitime

Jules Barni

d'en faire ressortir ce côté ; mais il faut aussi parler aux citoyens un autre langage que celui de l'intérêt personnel, il faut faire comprendre et pratiquer la vertu de l'abnégation et du sacrifice patriotiques, le dévouement à la chose publique, si l'on veut élever leurs âmes à la hauteur des institutions républicaines et donner à ces institutions un inébranlable appui. Sans cette vertu, la république sera la proie de toutes les convoitises et de toutes les ambitions intestines, et les plus solides remparts ne la protégeront pas contre les conquérants du dehors.

ISBN : 978-1978229235